Motivación

Resoluciones para la Felicidad

Motivación Diaria

Nery Roman

ISBN-13:
978-1726417860

ISBN-10:
1726417867

PIENSA POSITIVO
EJERCITATE A DIARIO
COME SALUDABLE
TRABAJA DURO
PREOCUPATE MENOS
BAILA MÁS
MANTENTE FUERTE
SÉ FELIZ
AMA TU VIDA!

lo fácil
YA LO HICE
lo dificil
LO ESTOY HACIENDO
y lo imposible
ME TARDARÉ
pero lo lograré

Recuerda que las personas
que te tratan mal, también te
hacen más fuerte

ACKNOWLEDGMENTS

To my family and to everyone who listens!

GIVE LIFE A MEANING.

ES POSIBLE !

1. VALORA LO QUE TIENES

"Comienza a vivir, apreciando cada día como separado, como una vida independiente."

Rompe la rutina y obtendrás lo que quieres en la vida.

La única manera de evitar el fracaso es no dejar de

intentar cualquier cosa.

No tengas miedo a fallar... así es cómo lograras tus sueños. Es sólo un fracaso si dejas de tratar.

SE TRATA DE CREER EN TI,
CUANDO NADIE MÁS LO HACE

Sigue Estas Ideas:

Da el primer paso,
el miedo no te
seguirá.

2. Di NO al Miedo

Hispano

"El **miedo** llamó a la puerta, la confianza abrió... y afuera no había nadie."

Anónimo

Gratitud
es la clave que convierte los problemas en bendiciones, y lo inesperado en regalos.

A veces, parece que la vida es un suministro de interminables días. ¿Cómo vives la vida al máximo? ¿Qué has hecho hoy para vivir la vida al máximo?

NO uses tus fracasos y tentaciones para debilitarte y arruinar tu vida. Usalos para **aprender** de ellos y ser mas **FUERTE.**

3 SER CREATIVO, SIN TENER MIEDO A LO QUE DIGAN LOS DEMAS

NO HAGAS LO QUE, LOS DEMÁS HACEN. HAZ LO QUE LOS DEMAS QUISIERAN HACER Y NO SE ATREVEN

Cuando **sabemos lo que realmente queremos**,

podemos a seguir adelante trabajando arduamente.

Concentrándonos en lo que queremos en lugar de lo negativo.

Prepara y entrena tu conciencia con ideas creativas sobre qué hacer y cómo hacerlo. Además, de aclarar tus necesidades/deseos genuinos podrás identificar rápidamente si una decisión particular o camino se puede incluir a tus deseos.

CUMPLE TUS "DESEOS"

PENSAR NEGATIVO NO ES PRODUCTIVO

Cuando estamos pensando sobre el dinero que no tenemos, el trabajo que hemos perdido, las habilidades que NO tenemos, es negativo. Solo enfócate en lo positivo y los sacrificios que tenemos que hacer nos llevara a lo que queremos.

Triunfa. Las ideas son como el aire que respiramos, tenemos que saber y qué hacer o decir en cada momento para que sea una realidad.

Piense positivo aun cuando las cosas no sean como las planeamos.

En momentos difíciles...

Cuando nos afrontamos a la realidad de por ejemplo una pérdida del empleo, o reducción de ingresos, celebramos lo que verdaderamente es importante para nosotros, nuestra familia.

Si se encuentra en un estado de lucha, por favor respire profundo, centrándose en la exhalación y pregúntese, **"¿Qué puedo decir o hacer ahora para mejorar?" o "¿Qué puedo decir o hacer ahora que es lo mejor para mí?" o "¿Cómo puedo cambiar?" La respuesta, usted puede cambiar su enfoque a uno de visión y propósito, curiosidad y posibilidad.**

Aviso, cuando te ENFOCAS en lo que no quieres, MEDITA, y exhala profundamente y vuelve pensar y enfocarte solo en lo POSITIVO. Toma un momento antes de irte a la cama, tomar una ducha, hacer ejercicio o hacer algo que te encanta, luego tome un momento para preguntarse sobre lo que desea, y déjalo ir.

Por ejemplo, antes de hacer una llamada por teléfono, escribir un correo electrónico, tener una conversación, abrir la puerta para entrar en una reunión o ir a casa por la noche, tome un momento para preguntarse lo que realmente le importa a usted, ¿cuál es el resultado que desea?

Haciendo su práctica para pensar sobre lo que queremos, lo que verdaderamente es importante para ti, trayendo consigo una mejor vida para usted y su familia.

Como organización, hacer una práctica de pensar en lo que verdaderamente importa a cada uno de sus electores, sus clientes, proveedores, empleados e inversionistas. Pensar sobre lo que hacer, cómo hacerlo, cómo la organización puede ser de mayor y mejor en sus éxitos. Piensa sobre los recursos, humanos y de otro tipo, asegúrese de pensar en corto y largo plazo.

De estas ideas, lo que es significativo es generar más ideas, elegir lo que es significativo, etc... pensando en lo que realmente quieres y llegas al punto de MIRARTE y visualizarte a ti mismo en esta nueva

vista.

4 SEA AGRADECIDO

Sólo podemos decir que vivimos en esos momentos

cuando nuestros corazones son conscientes de nuestros

tesoros – Thornton Wilder

1. Mantenga un diario de gratitud

Escribir todo lo que agradecemos por lo menos una vez por semana. Según investigaciones realizadas, quienes mantienen diarios de gratitud semanal ejercen con más regularidad, menos síntomas físicos, un mejoro en las sensación de sus vidas como un todo y son más optimistas acerca de la próxima semana en comparación con aquellos que registran problemas o eventos de vida neutral. También son más propensos a progresar hacia metas personales importantes.

2. Cuenta tus Bendiciones

Antes de dormirse, reflexionar sobre el día e identificar 5

cosas que agradecemos.

3. Diles a tus amigos y otros que está agradecidos a ellos

Elija a una persona importante en tu pasado a quien nunca se manifestaron su agradecimiento. Escribir un testimonio de 1 página y luego reunirse con la persona cara a cara y leer el testimonio.

Cuando lo que refleja en este ejercicio se me ocurrió algunas personas a quien estoy agradecido a están muertos. Por lo tanto, lo que hice fue escribir la página testimonial, ir para una curva aislada en el río, leer en voz alta la página y luego ofrecerla a las aguas. ¡Era muy poderoso para mí!

4. Ver la adversidad como una oportunidad para aprender y crecer

¡Sabíamos todo sobre esto cuando éramos niños! Caemos y

levantarse, caer y levantarse, y es parte de aprender a caminar. Es integral y debe de recordar que fracasar es parte del aprendizaje.

5. cambiar de pensamientos negativos a positivos

7 TU PUEDES HACER LO QUE DESEAS

Cuando sabemos lo que realmente queremos es muy importante para el éxito duradero. Centrándose en lo que queremos en lugar de lo que NO tenemos. Además, hay más claridad a sus necesidades/deseos auténticos y debido a esto se puede identificar rápidamente si una decisión particular o camino se alinea a estos deseos. En otras palabras, haz grandes decisiones por ti mismo. Avanzar en una dirección hacia su propósito.

Sin embargo, mayoría de la gente enfocarse en lo que no quieren en sus vidas y debido al tiempo y energía emocional estado morando en ellos, traen las mismas cosas que ellos no quieren o la esencia de lo que no quieren en sus vidas. Lo que te enfocas en darle **vida es lo que vive en ti. Cada pensamiento tiene una frecuencia de energía que se emite.**

SIENTE LA DIFERENCIA

Pon el poder del pensamiento y la energía/pasión y POSITIVA detrás de la declaración de "Yo quiero" trae consigo resultados notables. Es importante entender que realmente hay que ser un verdadero deseo sincero para lo que quieras. Esto es otra vez lo que le da vida. Si es sólo una preferencia o si tiene la actitud de "Puedo tomarlo o dejarlo" entonces no hay mucho impulso. Esto está bien porque no todo es de valor o de importancia para usted. Sin embargo, sus pensamientos, acciones y reacciones en lo que importa te inspira y a su vez inspira a otros. ¡Lograr resultados!

CLARIDAD LLEVA A CUMPLIR SUS "DESEOS"

RUEDA DE ENFOQUE

Una herramienta muy útil para ayudarle a enfocarse en lo que queremos es el uso de una rueda de enfoque. El siguiente es un ejemplo de una rueda de enfoque en la "creación de trabajo perfecto". Nota puede incluir fuente de Dios como parte del proceso o si esto no es cómodo a usted deje hacia fuera. Los espacios en blanco están allí para que usted completar la rueda de enfoque si lo desea. ¿Por ejemplo, puede insertar cuánto le pagaría el trabajo perfecto? Para imprimir los siguientes ejemplos abren los archivos PDF. Está disponible también en blanco de la rueda de enfoque. Use esta herramienta para cualquier decisión importante o meta va a embarcarse en (es decir, Universidad, carrera, matrimonio, paternidad, negocios... etc.)

Cuando estamos enfocados en lo que no quiere, que es todo lo que vemos y nuestras ideas y decisiones se basan en lo que no quiere. Cuando sabemos lo que queremos, le damos nosotros mismos la capacidad de imaginar nuevas posibilidades y generar ideas sobre cómo ser y qué hacer o decir en cada momento para que sea una realidad. Comenzamos a lograr claridad y para recibir ideas sobre qué hacer y cómo hacerlo para avanzar en una nueva dirección. Gente, artículos, libros, oportunidades de ven a nuestra atención que se alinean con lo que queremos.

¡DUEÑO DE TU VIDA! ¡DUEÑO DE TU FELICIDAD!

Usted puede haber oído dijo: "Si no sabes dónde vas, cualquier camino le enseñará allí." Los resultados que logramos, malo, bueno o significativo – depende de lo que nos enfocamos en cada momento. Enfocar nuestro tiempo, energía o dinero en las cosas mal en estos tiempos difíciles es algo que no podemos permitirnos hacer. ¿Sabes lo que eres en cada momento? ¿Se enfoca en lo que usted desea? ¿O de lo que no quiere? ¿Siquiera sabes lo que quieres? Este recordatorio adelante pensamiento ofrece orientación sobre cómo transformar pensamientos negativos y concentrarse en lo que quieres lograr resultados significativos.

En mi experiencia, la mayoría de nosotros no es consciente de lo que queremos en cada momento. Nos no hemos siquiera pensado. Estamos ocupados reaccionando, en lucha, vuelo o congelación — y no en lo que queremos. Mayoría de las veces, sobre todo en tiempos difíciles, estamos enfocados en lo que no queremos – y aún no sabemos.

Cuando sabemos lo que realmente queremos, lo que es significativo para el éxito duradero de nuestras organizaciones, nuestras vidas y nuestras relaciones en un momento dado — notables cosas comienzan a suceder. Abrimos la puerta a nuestra más alta conciencia ideas creativas surgen sobre qué hacer y cómo hacerlo, metas evidente y tomar grandes decisiones. Nosotros tranquilamente y útil avanzar en una dirección que sirve a nuestro propósito. No pierdas tiempo, energía o dinero. Enfocamos nuestros pensamientos, acciones y reacciones en lo que importa. Llegamos a ser inspirados y nos inspiran a otros. Lograr resultados significativos.

Cuando somos pensamientos de pensamiento de miedo, preocupación, duda, crítica, juicio, ira, frustración, ansiedad, negatividad y otros lucha desempeñemos, vuelo o congelación de pensamientos, no estamos enfocados en lo que queremos.

Cuando estamos pensando sobre el dinero que no tenemos, el trabajo que hemos perdido, las habilidades que tenemos, los pagos no nos podemos permitir y los sacrificios que tenemos que hacer, estamos enfocados en lo que no queremos.

Como organizaciones, cuando pensamos que tenemos que hacer los cortes, necesitamos reducir costos, en efectivo que no tenemos clientes que no están comprando, los bancos que no prestan y las decisiones que nos vemos obligados a hacer, estamos enfocados en lo que no queremos. Y cuando pensamos que no queremos ser vistos como una mercancía, la economía está mal, mi organización no es innovador, mi pueblo no está comprometido o no me gusta esto o lo otro sobre mis proveedores, una vez más, estamos enfocados en lo que no queremos.

Y si estamos pensando en sobrevivir en el corto plazo, entonces nos concentramos en lo que no queremos, porque queremos prosperar.

Por desgracia, pensar en lo que no queremos no define lo que queremos. Si decimos que no podemos permitirnos el lujo de pagar la Universidad, esto no me mueven un paso para ir a la Universidad. Si decimos que no queremos productos o servicios a ser vistos como productos básicos de nuestra organización, esto no mueve me o la organización en cualquier dirección que no sea como una mercancía.

Si no definimos lo que queremos como estudiante, entonces no tenemos ninguna idea de qué hacer para ir a la Universidad una realidad. Si no definimos lo que queremos como organización, entonces la organización no tiene forma de saber cómo ser o qué decir y hacer en cada momento de cada día que se traduce en clientes viendo nuestros productos y servicios como algo que no sea una mercancía. Y allí nos quedamos. En casa y sin inspiración. Comercializado y sin inspiración. Víctimas.

¿Puede recordar viendo una ilusión óptica? ¿Recuerdas cómo usted inmediatamente vio una cosa? ¿Recuerdas cómo pudo ver algo más después de leer las instrucciones o alguien señaló a usted?

Cuando estamos enfocados en lo que no queremos, que es todo lo que vemos, y nuestras ideas y decisiones se basan en lo que no queremos. Cuando sabemos lo que queremos, le damos nosotros mismos la capacidad de imaginar nuevas posibilidades y generar ideas sobre cómo ser y qué hacer o decir en cada momento para que sea una realidad.

Así que cuando nosotros mismos pensando, "no tenemos dinero para la Universidad", por ejemplo, podemos empezar pensando en una especie de manera curiosa, el-posibilidades-son-sin fin: "¿cómo podríamos financiar college?" o "Me pregunto cómo podríamos aprender lo que pretendemos aprender." O si nos atrapa a nosotros mismos pensar, "No queremos ser vistos como una mercancía", entonces podemos empezar a preguntarnos "¿Cómo pueden nuestros clientes y clientes potenciales ver nuestros productos y servicios?" Invocando el estado de maravilla, empezamos a alcanzar claridad y para recibir ideas sobre qué hacer y cómo hacerlo para movernos en una nueva dirección.

Cuando nos enfrentamos a la realidad de un despido o reducción de costos, podemos pensar en lo que deseamos como organización, en lo que verdaderamente importa a cada uno de nuestros electores, nuestros clientes, proveedores, empleados y los inversores – efecto poderosamente las reducciones, sobrevivir y prosperar.

Cuando nos enfrentamos a la realidad de pérdida del empleo o reducción de ingresos, podemos pensar sobre lo que verdaderamente a nosotros mismos y nuestras familias, y lo que es el más alto y mejor usan de nuestro tiempo, energía y dinero.

Aquí están algunos pasos que puede tomar para mantenerte enfocado en lo que usted desea:

Aviso se encuentra en un estado de lucha, vuelo o congelar, toma una respiración profunda, centrándose en la exhalación y pregúntese, "¿Qué puedo decir o hacer ahora mismo para el bien mayor?" o "¿Qué puedo decir o hacer ahora que es de servicio más alto?" o "¿Cómo puedo ayudar?" La respuesta que viene a usted cambia de puesto su foco a uno de visión y propósito, la curiosidad y posibilidad.

Aviso cuando se centran en lo que no quieres, exhala profundamente y vuelve a invocar el estado de maravilla. Antes de irte a la cama, tomar una ducha, ejercicio o hacer algo que encanta, tome un momento para preguntarse sobre lo que pueda desear, dejarlo ir y cuenta las ideas que vienen a usted.

Antes de hacer una llamada de teléfono, escriba un correo electrónico, tener una conversación o abra la puerta para entrar en una reunión o ir a casa por la noche, tome un momento para preguntarse lo que realmente importa a usted, cuál es el resultado que usted desee.

Como individuo, hacer una práctica para pensar sobre lo que queremos, lo verdaderamente importante para ti, que trae consigo una vida bien vivieron para usted y su familia. (Puede que desee tomar la libre Gestión de pensamiento autoevaluación para ayudarle con esto.)

Como organización, hacer una práctica de pensar en lo que verdaderamente importa a cada uno de sus electores, sus clientes, proveedores, empleados e inversionistas. Pensar sobre lo que hacer, cómo hacerlo, cómo la organización puede ser de mayor y mejor servicio y ricamente recompensado. Pensar acerca de qué recursos, humanos y de otro tipo, están obligados a ejecutar esta visión. Asegúrese de pensar en corto y largo plazo.

De estas ideas, lo que es significativo es elegir lo que es significativo para usted, y enfocarse en lo que realmente quieres y hasta llega al punto de verte a ti mismo en esta nueva perspectiva.

Con la práctica, se convierte en fácil y natural para que te preguntas qué es importante para ti y para otros antes de decir o hacer nada. Date una oportunidad y observe el impacto de gran alcance y los resultados para ello porque estás centrado, conectado a tierra y proactiva y reactiva. Aviso, siempre cómo inspiración y energía positiva.

La inversión que hacemos con el enfocarse en lo que queremos trae regresa a nosotros como individuos el doble. Tenemos una gran oportunidad para consolidar nuestro carácter y cultura, centrándonos en lo que verdaderamente importa, mejora el rendimiento, alcanzar grandeza y prosperidad.

No importa lo
fuerte que seamos.
Todos en algun
momento
necesitamos
un abrazo.

Uno de los momentos más **dichosos** de nuestra vida es cuando encontramos el valor para **dejar ir** todo eso que no podemos **cambiar**.

"No se puede cambiar a la gente, pero nosotros SI podemos cambiar." Nery Román

Todos queremos ser amada y aceptada, como somos. Queremos honrar nuestros intereses, valorar nuestras necesidades y respetar nuestras elecciones en la vida.

¿Por qué esperamos que las personas cambien sus objetivos, hábitos y valores para mejor nuestra vida, cuando nos no ha dado ninguna indicación sería para hacerlo?

Te escribo,
TE SUEÑO,
te endulzo
Y TE AGREGO
al Café
NERY ROMAN

Si la gente dice cosas malas de ti y te juzgan como si te conocieran. No te sientas mal recuerda que tambien los perros ladran cuando no conocen a las personas.

VIVE TU VIDA QUE AL FINAL NADIE MORIRA POR TI

Cómo alcanzar tus objetivos fácilmente

En los últimos 6 meses, yo he experimentado con una simple estrategia que ha mejorado mi salud y mi trabajo.

Con esta idea básica, he hecho progreso constante en mis metas cada semana sin increíbles dosis de fuerza de voluntad o motivación notable.

Hoy, quiero compartir cómo utilizar esta estrategia y cómo puede aplicarlo a su propia vida para mejorar tu salud y tu trabajo.

El problema de cómo suelen establecer metas

Si eres como el típico ser humano, entonces tiene sueños y metas en tu vida. De hecho, hay probablemente muchas cosas, grandes y pequeños — que usted quisiera lograr.

Eso es genial, pero hay un error común que a menudo hacemos cuando se trata de metas. (Sé que he cometido este error muchas veces yo mismo).

El problema es el siguiente: fijamos un plazo, pero no un programa.

El problema con esto es que si por arte de magia no golpeó la línea de tiempo arbitrario que fijamos al principio, luego nos sentimos como un fracaso... aunque estamos mejores al principio. El resultado final, por desgracia, es que a menudo abandonar si no alcanzamos nuestro objetivo dentro del plazo inicial.

He mencionado esta idea varias veces antes. Por ejemplo, en cometer el error de poner metas de rendimiento antes de su identidad o en la elección de las transformaciones – cambia la vida en opciones de estilo de vida diario.

Aquí le damos la buena noticia: hay una mejor manera y es sencillo.

El poder de la creación de un programa, no un plazo

En mi experiencia, una mejor manera de acercarse a sus objetivos es establecer un horario para operar en lugar de un plazo para llevar a cabo.

Importante:
En lugar de darse un plazo para lograr un objetivo particular (y entonces siente como un fracaso si no lo consigues), debe elegir una meta que es importante para usted y luego poner un horario para trabajar hacia ella constantemente.

Cómo alcanzar sus objetivos: Ideas en la práctica

1 - creer en ti mismo

No puedo poner suficiente énfasis en el hecho de que necesitas creer en ti mismo y en tus habilidades para lograr algo en la vida. Creer en ti es la clave para **casi todo lo que se iniciará.** Si comienzas un negocio no sólo necesitas estar enamorado qué, pero también necesita creer en el hecho de que puede funcionar. Es el paso a cualquier Fundación. La mayoría de nosotros ya hacerlo para cosas comunes como cocinar, conducir un coche o tomar una clase en la Universidad.

2 - reflexionar acerca del proceso para alcanzar su meta

Planificación por delante es importante, especialmente cuando están intentando llegar a un objetivo específico. Es muy importante visualizar cada uno de los pasos necesarios para alcanzar sus metas. Imagínate a ti mismo haciendo estos pasos, viviendo cada instante de ellos. Esta es una manera muy fácil planificar con antelación.

3 - visualizar tus pasos antes de ir a la cama

Sí, visualizando cada pasos antes de irse a la cama no sólo ayudará a llegar metas con menos obstáculos te hará también soñarla. A menudo sueño con mis metas o mi vida diaria, esto me da la práctica en lo que voy a hacer. ¿Sabías que cuando duermes tu cerebro no sabe la diferencia entre realidad y ficción? Esto explica por qué tus sueños se pueden sentir tan cierto. También explica por qué una pesadilla puede sentirse tan real. Una vez que entendamos este concepto puedes ver todas las ventajas de soñar adecuadamente. Voy a escribir un post de otro post pronto dedicado a esta técnica.

4 - Lucha, luchar y mantenerse positivo

Sus metas no van a suceder durante la noche, también pasará sin trabajo. Usted tendrá que superar muchos obstáculos antes de alcanzar su meta deseada. Siempre hay personas que van a trabajar contra ti (si no es a ti mismo hacerlo) o cañizos técnicos que tendrá que superar. NUNCA desanimar a ti mismo, siempre permanecer positivo y centrarse en ser un solucionador de problemas. Seguir presionando y nunca desanimar a ti mismo aun cuando pienses que todo está perdido. Jamás nadie ha logrado nada sin fracasos del pasado o contratiempos, trate de mantenerse positiva.

DEJA DE GASTAR EL TIEMPO CON
— LA GENTE EQUIVOCADA. —
ROMAN

¡LA NATURALEZA
ALUMBRA TUS CAMINOS !!
NERY ROMAN

No confíes
EN NADIE CUANDO
se trata
DE TUS HIJOS.
Nery Roman

AUNQUE CHITO
EL CAMINO
ROMPAMOS EL
NO SE PUEDE
NERY ROMAN

Algo que nunca debes perder de vista:
TUS PENSAMIENTOS.
Algo en lo que debes confiar:
TU CORAZÓN.
Algo en lo que debes creer:
EN TI.

Nery Roman

Toma responsabilidad por lo que no haces, y por lo que haces.
Nery Roman

ABOUT THE AUTHOR

Soy defensora de niños abusados, abandonados y de personas con discapacidad. Mis experiencias son una combinación de liderazgo, comunicación, educación, mediación y facilitación. Actualmente, certificada en el estado de Texas y en el estado de la Florida como mediador de familias. Además, estoy finalizando mi doctorado en la universidad Nova Southeastern University en conflictos y resoluciones. En el pasado, he trabajado como consultora de niños con Autismo; al igual que asistiendo y entrenando a padres con niños con necesidades especiales. Conocimientos incluyen: planificación, coordinación e implementación de estructuras de aula y en la casa para mejorar el aprendizaje del estudiante y la retención de información. Al mismo tiempo soy escritora y he publicado dos libros bilingües que han sido diseñados para crear conciencia en el autismo e investigaciones psicológicas. Tengo un blog y mi propia compañía para ayudar a las comunidades en Estados Unidos, Europa, Asia, África, Tailandia, Central y América del Sur.